AF247146

EXPOSÉ

DE

LA SITUATION DE L'EMPIRE,

PRÉSENTÉ

A LA CHAMBRE DES PAIRS,

Dans sa Séance du 13 Juin 1815,

PAR S. EXC. LE MINISTRE DE L'INTÉRIEUR.

A PARIS,

DE L'IMPRIMERIE IMPÉRIALE.

1815.

EXPOSÉ

DE

LA SITUATION DE L'EMPIRE.

MESSIEURS,

L'UN des premiers objets de la sollicitude de Sa Majesté, après l'acceptation du nouvel acte constitutionnel, a dû être d'offrir aux deux Chambres le tableau fidèle de la situation de l'Empire.

Trois mois se sont à peine écoulés depuis que l'Empereur a quitté le rocher de son exil, pour venir délivrer la patrie du joug insupportable que ses ennemis lui avaient imposé.

Sa seule présence a suffi pour dissoudre un Gouvernement qui semblait n'être installé que pour exploiter le sol de la France au nom des puissances étrangères, pour avilir la nation, et pour exercer des vengeances.

L'enthousiasme qui a servi d'escorte à Sa Majesté, des bords de la Méditerranée jusqu'à la capitale, et l'abandon singulier dans lequel se vit tout-à-coup tomber la dynastie qui venait d'apparaître

A

un instant sur le trône, montrent assez de quel côté était le vœu national ; ils prouvent assez, que, quand même une nouvelle coalition de la part des ennemis, de nouvelles fautes de la nôtre, viendraient à rétablir le sceptre aux mains de la famille déchue, elle le laisserait encore échapper.

Et pouvait-elle le retenir, lorsque tous les engagemens qu'elle avait dû contracter envers les anciens serviteurs qui l'avaient accompagnée dans son émigration, se trouvaient en contradiction avec les intérêts évidens de la masse du peuple ; lorsque tant de victoires remportées depuis vingt-cinq ans, ne pouvaient plus être pour nos braves que des titres de disgrace et d'humiliation ; lorsque la résurrection de tant de priviléges surannés replongeait la nation dans les turpitudes du régime monastique et féodal ; lorsque les préjugés dont cette même famille restait imprégnée sans espoir d'amendement, se trouvaient si peu en harmonie avec les lumières du siècle ?

Maintenant, Messieurs, abandonnerons-nous encore les destinées de notre belle patrie à ces irréconciliables ennemis de toutes les pensées libérales ? confierons-nous notre existence et l'honneur national à leurs promesses tant de fois mensongères ? Livrerons-nous à leur animosité celui qui est venu nous affranchir des honteux instrumens de l'oppression britannique ? Et pensez-vous que ses anciens frères d'armes, les vainqueurs de Marengo, d'Austerlitz et d'Iéna, abandonneront lâchement le restaurateur de leur gloire ? Non, Messieurs : quels qu'aient été nos sentimens divers sur les principes de la liberté, sur les degrés de latitude dont elle est susceptible, tous se rallieront au drapeau tricolor, tous céderont au sentiment de la reconnaissance pour celui que ses malheurs ont instruit, pour celui qui seul pouvait réparer les nôtres.

Sa Majesté, éclairée par les événemens passés, est revenue, le cœur plein du desir et de l'espoir de conserver la paix au dehors et de pouvoir gouverner paternellement ; mais les puissances étrangères sont loin de partager ces sentimens généreux : suscitée par les intrigues de la famille prétendante et par l'or des Anglais, leur ligue formidable menace hautement notre indépendance ; elle ne dissimule plus ses projets de démembrer l'Empire ; déjà elle embrasse nos frontières, déjà les hostilités sont commencées.

Ce n'est donc plus le temps des demi-mesures ; tout le reste peut s'ajourner : mais le besoin d'éviter un joug ignominieux ne s'ajourne pas ; le besoin de défendre l'intégrité du territoire ne donne lieu à aucune hésitation.

Si l'Empereur était moins sûr de la force de son caractère et de la pureté de ses résolutions, il pourrait se regarder peut-être comme placé entre deux écueils, les partisans de la dynastie dépossédée et ceux du système républicain. Mais les premiers n'ayant pas su conserver ce qu'ils tenaient, sauront encore bien moins le ressaisir ; les autres, désabusés par une longue expérience et liés par gratitude au prince qui les a délivrés, en sont devenus les plus zélés défenseurs. Leur franchise, aussi connue que le fut leur exaltation philantropique, environne ce trône occupé par l'auguste fondateur d'une dynastie nouvelle, qui se fait gloire d'être sorti de nos rangs populaires.

Le desir de satisfaire à la juste impatience de la nation a laissé trop peu de temps pour la parfaite rédaction d'un acte constitionnel qui d'ailleurs consacre les principes et les droits les plus sacrés des citoyens. Vos lumières, Messieurs, feront connaître les améliorations dont sa forme est susceptible : plus nous nous éclairerons sur nos véritables intérêts, plus il sera reconnu, n'en doutons pas, qu'ils sont les mêmes pour tous, et que ceux du chef de l'Empire ne peuvent qu'être en parfaite harmonie avec ceux de tous les autres membres qui le composent.

Le génie de notre nation, qui a toujours repoussé l'ambition des conquêtes, et les malheurs qui ont été le résultat de nos expéditions lointaines, devaient être pour les puissances étrangères une garantie suffisante de l'assurance donnée que nous voulions nous en tenir aux limites fixées par le traité de Paris. Aussi la crainte ridicule qu'elles ont affectée d'une nouvelle invasion de notre part, n'est-elle, aux yeux de tous les hommes de bonne foi, qu'un prétexte pour masquer leur propre ambition, qu'un moyen d'isoler du reste de la nation celui qui seul y met un obstacle invincible. Mais les actes insensés du congrès de Vienne, les déclarations faites au parlement d'Angleterre, les subsides votés pour les autres membres de la coalition, les hostilités déjà commises sur terre et sur mer sans aucune provocation, les descentes opérées ou tentées sur nos côtes de l'Ouest, les manœuvres ourdies dans l'intérieur pour y rallumer le flambeau de la guerre civile ; toutes ces choses nous donnent la mesure de la justice et de la modération de nos ennemis ; elles prouvent que leurs intentions, aujourd'hui, sont encore les mêmes que celles qui furent consignées en 1792 dans le trop fameux manifeste de Brunswick.

Puisqu'il faut que nous défendions de nouveau nos foyers contre cette coalition barbare de puissances jalouses, elles apprendront une seconde fois quelle est l'énergie d'un grand peuple qui combat pour son indépendance, sous les bannières de la justice.

Vous, Messieurs, qui connaissez les dispositions de ce peuple essentiellement bon, confiant, généreux ; qui savez qu'aucun sacrifice ne lui coûte, lorsqu'il voit qu'on ne lui demande que ce qui est juste, que ce qui lui est utile, que ce qui lui est glorieux, vous avez déjà pris cette attitude imposante qui est le gage infaillible de la grandeur nationale et de la liberté des citoyens.

C'est pour asseoir l'une et l'autre sur un fondement inébranlable, que vous devez connaître la situation actuelle de l'Empire : nous ne craindrons pas de vous dire à la face des nations la vérité toute entière ; car si le tableau de nos besoins est immense, celui de nos ressources ne l'est pas moins. Il ne nous faut que notre propre volonté, de l'union, de la sagesse, pour triompher de tous les obstacles, pour sortir de la nouvelle crise avec une gloire d'autant plus éclatante, d'autant plus pure, que nos efforts n'ont pour objet que la défense la plus légitime et la plus sacrée, contre l'agression la plus injuste et la plus odieuse qui fut jamais. C'est, Messieurs, le tableau de tout ce qui tient au salut de l'État, à sa prospérité, que Sa Majesté m'a chargé de mettre ici sommairement sous vos yeux : les détails et les calculs relatifs à chacune des branches de l'administration vous seront ensuite fournis à mesure du besoin.

COMMUNES.

L'administration communale, abandonnée, en quelque sorte, sous le dernier gouvernement, a été replacée sous l'empire de la législation.

Plusieurs causes concourent à l'état de gêne actuel des caisses communales. L'année dernière, après le départ des troupes étrangères, les princes de la maison de Bourbon essayèrent de se faire connaître en parcourant les provinces. Leurs voyages plusieurs fois renouvelés, ont imposé aux caisses communales des charges énormes qui ne sont pas encore toutes acquittées.

Des sommes assez considérables provenant des coupes extraordinaires faites dans les bois communaux, ont été acquises au trésor par le système consacré dans la loi du 23 septembre 1814 ; ces ressources, anciennement ménagées aux communes, sont aujourd'hui perdues pour elles.

Les communes sont encore momentanément privées de la rente qui doit leur tenir lieu des propriétés aliénées en vertu de la loi du 20 mars 1813.

L'Empereur ayant voulu faire disparaître quelques-unes des contributions comprises sous la dénomination générique de droits réunis, et dont la perception était vexatoire et généralement odieuse, il fallut, pour suppléer aux recouvremens, forcer les droits d'entrée, et réduire les droits d'octroi sur les boissons.

Malgré cet état peu satisfaisant des caisses communales, elles concourent puissamment encore aux préparatifs de défense, et surtout à la mobilisation des corps d'élite de la garde nationale. Le décret du 24 avril y a spécialement affecté le dixième de tous les revenus municipaux. Les communes riches soulagent, de plus, jusqu'à la concurrence d'un autre demi-dixième de ces mêmes revenus, les communes pauvres. Celles qui sont exposées aux attaques de l'ennemi, font des avances sur leurs excédans disponibles, pour accélérer leurs approvisionnemens et compléter leurs moyens de défense. Vous sentirez, Messieurs, combien il importe que les dépenses supportées par les départemens frontières avec le plus généreux dévouement, soient uniformément réparties.

HOSPICES ET SECOURS.

Les établissemens de bienfaisance sont l'objet de toute la sollicitude du Gouvernement.

Ce fut dans le moment critique où les hôpitaux avaient besoin de toutes leurs ressources, lorsqu'ils venaient de faire face, par le zèle extrême des administrateurs, aux dépenses occasionnées par l'admission des malades militaires français et étrangers, qu'ils furent menacés par la loi du 5 décembre, relative à la remise des biens des émigrés, de perdre la majeure partie de ceux qu'ils avaient obtenus par l'effet des lois de nos assemblées nationales.

L'Empereur a doublé les secours accordés aux sociétés de charité maternelle : cette institution est son ouvrage. Pourquoi faut-il que celle qui en était l'auguste protectrice, ne soit pas encore rendue à nos vœux !

Les dépôts de mendicité sont de grands moyens de secours publics. Cette importante création de l'Empereur était menacée ; elle recevra tous les développemens dont elle est susceptible.

Les hospices, qui sont d'une si haute importance pour recueillir nos militaires malades ou blessés, ont prodigieusement souffert dans les départemens ouverts à l'invasion des ennemis ; le Gouvernement s'occupe d'améliorer leur situation. La liquidation des charges de guerre, sur le produit des centimes extraordinaires de 1813 et 1814, ordonnée par l'Empereur, va procurer à ces maisons des ressources considérables.

TRAVAUX PUBLICS.

L'Empereur a toujours fait consister une partie de sa gloire à élever des monumens qui attestent la richesse et la grandeur de la nation, à ordonner des travaux dont l'exécution fût une source de prospérités.

Les peuples voisins qui, pendant quelques années, ont été agrégés à l'Empire, ont en partie profité des fruits de ce système.

Les belles routes des Alpes, le pont de Turin, celui de la Doire, le canal de Mons, les écluses d'Ostende, le bassin maritime d'Anvers, sont les meilleures réponses qu'on puisse faire à ceux qui disent que la spoliation des pays où nous pouvions pénétrer était le but de nos conquêtes. Désormais, la France devra seule recueillir les bienfaits d'une administration vigilante.

Chez nous, les travaux n'avaient jamais cessé, même pendant la guerre, d'avoir beaucoup d'activité : que ne devons-nous pas espérer de la protection particulière de l'Empereur pour cette source de la prospérité publique, lorsque nous aurons consolidé la paix!

TRAVAUX DE PARIS.

Les travaux publics qui s'exécutent à Paris, ont toujours fixé d'une manière spéciale l'attention de l'Empereur: ils n'ont pas eu seulement pour objet l'embellissement de la capitale; de grandes vues d'utilité publique ont présidé à l'exécution des projets.

La construction du vaste édifice des greniers de réserve est déjà très-avancée.

Le palais de la Bourse, établissement qui manquait à la ville de Paris, sera l'un de ses plus beaux monumens; jusqu'en 1814, les travaux en ont été poussés avec la plus grande activité.

La restauration de la métropole est terminée; celle de l'église de Saint-Denis est très-avancée; la construction de celle de la Madeleine, reprise sur un meilleur plan, promet dans quelques années, à la capitale, un monument fait pour honorer l'architecture française.

Divers établissemens, tels que l'hôtel des postes et celui des affaires étrangères, sont en construction; d'autres grands monumens sont commencés sur divers points: plusieurs sont destinés à transmettre aux siècles futurs la gloire de nos armées; ils étaient suspendus depuis un an; espérons que la paix nous permettra bientôt de les reprendre, et d'y inscrire les nouveaux titres des braves qui vont combattre pour notre indépendance.

MINES.

La France, dans ses limites actuelles, contient un grand nombre de mines dont l'exploitation offre, pour le présent et pour l'avenir,

des

des ressources précieuses au commerce et à l'industrie. Nos mines de fer donnent à-peu-près un million quatre cent mille quintaux métriques. Avec de telles ressources, la France peut se passer des fers étrangers ; l'expérience prouvera bientôt si nos aciers fondus peuvent remplacer ceux que nous tirons du dehors.

MANUFACTURES.

La France a l'avantage inappréciable d'être à-la-fois agricole et manufacturière ; à l'exception du coton, les produits de son sol fournissent à ses manufactures la presque totalité des matières premières qui leur sont nécessaires.

La France est du petit nombre de ces nations privilégiées qui peuvent, pour ainsi dire, se suffire à elles-mêmes. L'agriculture lui fournit abondamment ce qui est nécessaire à la subsistance de ses habitans, et les manufactures versent dans la consommation tout ce que le luxe du riche et les besoins du peuple peuvent desirer.

La nature avait donc tout préparé pour la prospérité de la France ; mais des institutions, dont l'origine remonte aux premiers temps de la civilisation, ont contrarié de tout temps le développement de ces heureuses dispositions : les droits féodaux, la dîme, les corvées, les réglemens, l'abjection dans laquelle on retenait l'homme utile et industrieux, sont tout autant de fléaux qui pesaient sur le peuple, et étouffaient les efforts de l'industrie. Notre révolution tant calomniée a pu seule briser tous ces obstacles, et rétablir l'agriculteur, le manufacturier, le commerçant, au degré de considération que méritent leurs utiles travaux.

Comparez, Messieurs, l'état des arts avant la révolution à ce qu'ils sont aujourd'hui, et vous serez étonnés du degré de perfection où ils sont parvenus. Jadis tributaires de l'étranger pour la plu-

B

part de nos produits, étrangers à presque tous les marchés de l'Europe pour l'infériorité de notre fabrication, nous pouvons aujourd'hui concourir avec avantage avec les pays où les arts sont les plus parfaits.

Le peu de temps que l'Angleterre jalouse nous a laissé pour faire connaître nos produits, l'a convaincue de notre supériorité dans presque tous les genres d'industrie; et, ne nous y trompons pas, Messieurs, c'est pour nous replonger dans l'état de dépendance où elle nous avait laissés en 1789, c'est pour conserver le monopole du commerce, qu'elle cherche à susciter une guerre injuste dont tous les fléaux retomberont sur elle.

La seule crainte de la guerre influe déjà singulièrement sur le sort de nos fabriques : elles ne travaillent guère que pour la consommation intérieure, qui, dans des temps de crise, diminue même sensiblement.

Tout ce que peut faire l'administration en ce moment, c'est de conserver ce qui est acquis, et de préparer des améliorations pour l'avenir. Dans le système d'amélioration que suit le gouvernement, il s'est proposé de procurer à la France les branches d'industrie qui nous manquent, et de perfectionner celles que nous possédons. De ce nombre sont la fabrication des aciers fondus, la filature du coton dans les numéros les plus élevés, le perfectionnement des mécaniques propres à filer le lin, le chanvre et la laine, l'amélioration et la simplicité dans la construction des machines à vapeur, la fabrication des aiguilles à coudre.

Des préjugés avaient fait regarder la fabrication du sucre de betterave comme l'une de ces productions qui, si elles donnent des résultats de quelque intérêt pour la science, n'en ont aucun pour le commerce : aujourd'hui, il n'existe plus de doute sur les avantages qu'elle procure. Depuis l'ouverture de nos ports et l'extrême réduction des droits sur l'importation du sucre de canne, plusieurs de nos établissemens se sont avantageusement soutenus ; et la fabrication, qui se perfectionne tous les jours, ne permet pas de douter que cette branche d'industrie, qui présente de si grands avantages pour l'agriculture, ne s'établisse d'une manière stable, et n'affranchisse bientôt, pour cet objet, l'Europe, du Nouveau-Monde. Il en est de même de l'indigo-pastel, dont la fabrication n'est pas aussi avancée, mais dont néanmoins il y a des établissemens qui ont résisté à la concurrence de l'indigo des Indes. Le gouvernement s'occupe avec le plus grand soin de nationaliser ces deux branches d'industrie.

Nos fabriques de soudes factices ont obtenu tous les résultats qu'on devait attendre de l'état actuel de la chimie ; elles fournissent à tous les besoins ; on les approprie à tous les usages, et la France n'est plus tributaire de l'étranger pour ce produit.

Nos mécaniques pour la filature, le tissage et les apprêts, se multiplient et se perfectionnent tous les jours.

Les ateliers de construction rivalisent de perfection dans leurs ouvrages ; et la concurrence de leurs produits en a fait baisser le prix à tel point, qu'on a pu les introduire dans les fabriques les moins importantes.

Une nouvelle machine née en France, et déjà adoptée en Angleterre, pour la fabrication du papier, vient d'être reportée dans son pays natal. Cette machine a l'avantage sur les procédés connus, de faire des feuilles ou pièces de papier d'une longueur indéterminée, sur une largeur de quatre à cinq pieds : l'économie pour la main-d'œuvre est d'un à quinze.

Je ne dois pas passer sous silence le procédé par lequel M. Darcet vient d'ajouter à la masse alimentaire, en retirant des os une nourriture aussi saine qu'abondante et économique. Déjà cinq des plus grands hospices de Paris sont nourris par cet établissement ; tous les autres vont l'être incessamment ; et l'économie est assez considérable pour que l'administration ait pu améliorer le sort des malades, et leur donner, sans augmenter la dépense primitive, de l'excellente volaille plusieurs jours de la semaine. Des établissemens semblables peuvent être formés dans toutes les grandes villes de l'Empire.

COMMERCE.

L'incertitude résultant de la situation politique de l'Europe, dans le moment actuel, a dû nécessairement ralentir en France, comme chez toutes les nations, les spéculations du commerce. Mais cet état de choses ne peut être que momentané. L'intérêt et le besoin réciproque des communications et des échanges entre tous les peuples, auront bientôt rendu aux rapports commerciaux qui les lient, l'activité et l'étendue dont ils sont susceptibles.

Le gouvernement, qui est disposé à faire pour la paix tous les sacrifices qui sont compatibles avec l'honneur et l'intérêt de la nation, hâtera cette époque heureuse par tous les moyens qui sont en son pouvoir.

Alors, quel vaste champ s'ouvrira pour notre commerce, soit dans les expéditions que nous destinerons aux Etats-Unis d'Amérique, nos anciens alliés, et au royaume du Brésil, nouvellement offert aux spéculations du commerce européen ! Aux États-Unis, au Brésil, nous aurons, pour ainsi dire, à créer de nouveaux rapports, à conquérir le goût du consommateur par les produits nombreux et variés de notre industrie. Dans l'un et l'autre de ces pays, nous trouverons à composer des retours avantageux, en matières premières, aliment de nos plus importantes manufactures.

Au Levant et en Barbarie, la guerre la plus opiniâtre n'a pu nous faire perdre entièrement l'espèce de prépondérance que le commerce français y avait anciennement acquise, et les habitans de ces pays soupirent après le moment qui doit voir se rétablir tous leurs liens d'amitié et de commerce.

L'Italie, privée depuis long-temps de ses relations commerciales avec nous, mais constamment entretenue dans le desir de s'en rapprocher plus intimement, saisira avec ardeur les premières occasions qui lui seront offertes pour satisfaire ses besoins, en s'approvisionnant des produits agricoles ou industriels dont quinze années de jouissances antérieures lui ont fait contracter le goût et l'habitude.

Vers le Nord de l'Europe, mêmes besoins, mêmes intérêts se font sentir, pour rendre aux opérations du commerce, au travail des classes nombreuses de la société, la sécurité qui leur est si nécessaire, et que la force naturelle des choses doit ramener inévitablement un peu plutôt ou un peu plus tard.

En attendant l'époque où pourront se réaliser des espérances d'autant mieux fondées qu'elles sont respectivement partagées par tous les peuples, l'administration étudie, discute et prépare en France les mesures qui doivent diriger et protéger le commerce, tant à l'intérieur qu'à l'extérieur.

Déjà il a ressenti les heureux effets de la bienveillante sollicitude du gouvernement dans cette disposition libérale qui, pour la première fois depuis vingt-cinq ans, appelle la propriété commerciale et industrielle à être nommément représentée dans le Corps législatif. Ainsi désormais les véritables intérêts de ces deux sources de la richesse publique seront discutés dans le sein même de la représentation nationale, par des commerçans et des manufacturiers distingués, que leurs lumières et la confiance de leurs concitoyens auront investis de ces fonctions honorables. Ce premier pas vers une amélioration sensible dans l'administration du commerce et de l'industrie, fait assez pressentir toute la considération qui s'attachera par la suite à l'exercice de ces professions utiles trop négligées peut-être par les anciens gouvernemens, pour qu'elles s'appréciassent elles-mêmes à leur véritable valeur.

La révision de quelques articles du Code de commerce, que l'expérience a fait juger susceptibles d'être modifiés ; la refonte d'un tarif des douanes sagement approprié à nos besoins et calculé dans le double intérêt de nos importations et de nos exportations ; l'examen approfondi des grandes questions commerciales de franchise, d'entrepôt, de transit ; la protection due à notre marine et à notre navigation marchande ; l'encouragement des pêches lointaines et sur nos côtes ; toutes ces matières importantes, d'abord méditées de concert entre le gouvernement et les chambres de commerce, s'accroîtront encore, à la tribune publique, de tout l'intérêt qui naîtra d'une discussion appuyée sur la connaissance exacte des faits et des localités.

INSTRUCTION PUBLIQUE.

L'université impériale est replacée sur sa première base.

Tous les établissemens sont en pleine activité.

Le nombre des établissemens étant réduit, les élèves sont nécessairement moins nombreux que les années précédentes ; mais leur nombre n'a pas diminué dans la même proportion que celui des établissemens.

L'université ne renferme plus que vingt-six académies ; elle compte cinquante-deux facultés, dont,

Sept de théologie,

Neuf de droit,

Trois de médecine,

Dix des sciences,

Vingt-trois des lettres ;

Trente-six lycées,

(15)

Trois cent soixante-huit colléges ,

Quarante-une écoles secondaires ecclésiastiques ;

Douze cent cinquante-cinq tant institutions que pensions,

Vingt-deux mille trois cent quarante-huit écoles primaires.

Six mille trois cent vingt-neuf étudians suivent les cours des facultés ; les deux tiers au moins appartiennent toujours au droit et à la médecine, ci......................... 6,329.

Le nombre des élèves des lycées s'élève à neuf mille , tant boursiers que pensionnaires et externes, ci.... 9,000.

Celui des élèves des colléges, à............... 28,000.

Celui des élèves des écoles secondaires ecclésiastiques, à 5,233

Celui des élèves des institutions et pensions, à... 39,623.

Celui des élèves des écoles primaires, à......... 737,369.

TOTAL.......... 825,554.

L'école normale suit avec persévérance le but pour lequel elle a été instituée ; elle compte en ce moment soixante-dix élèves.

C'est de là que l'université doit tirer des sujets pour remplir les chaires des colléges et les places d'agrégés et de maîtres d'études dans les lycées ; ces jeunes gens sont l'espoir du corps enseignant.

L'enthousiasme que les élèves font éclater dans les lycées est admirable ; les sentimens qui les animent ont été comprimés , il est vrai ; mais ils n'en ont acquis que plus d'ardeur.

CULTES.

Le clergé ayant été , sous le gouvernement royal , mis dans une situation qui l'exposait à dévier de tous les principes , les émigrés se flattaient de parvenir à dépouiller les propriétaires des biens nationaux, quoique les ventes eussent été ordonnées par une longue suite de lois, quoique ces lois fussent du temps de Louis XVI et sanctionnées par lui; mais bientôt il y avait été dérogé sur des points importans, ce qui donnait une sorte d'assurance que l'ancienne législation serait successivement détruite.

Avec ce point d'appui, les émigrés regardèrent comme leur principal moyen, celui de présenter les acquéreurs de biens nationaux comme des spoliateurs, et de chercher, sous ce rapport, à troubler les consciences. Ce moyen dépendait principalement de la part que le clergé voudrait y prendre. Les curés et les desservans ont été circonvenus par les promesses les plus flatteuses.

On a cherché, sur-tout, à leur persuader que la rentrée du clergé dans ses biens serait la suite du succès des émigrés. Malheureusement un grand nombre de prêtres ont cru à ce nouvel ordre de choses, et ont méconnu la règle de conscience confirmée par les déclarations même du pape, portant que les acquéreurs ne devaient point être troublés dans leurs propriétés : ils ont été séduits par la perspective de leur ancienne richesse.

Les principes religieux n'ont pu les contenir; ils ont été entraînés par la plus perfide impulsion; ils n'ont point réfléchi qu'ils allaient encourir la haine de tous les paroissiens propriétaires, par eux-mêmes ou par leur famille, de biens nationaux. Ils se sont trouvés ainsi engagés à prendre une part active et coupable au mouvement politique; mais bientôt ils sont devenus, à ce titre, odieux non-seulement aux acquéreurs de biens nationaux, mais encore à tous les militaires que le sentiment de la gloire tenait toujours attachés à l'Empereur. Cependant ceux qui sacrifiaient ainsi le clergé n'obtenaient rien pour lui du gouvernement royal; et sa position, loin de s'améliorer, devenait de plus en plus fâcheuse. Non-seulement les desservans n'ont reçu de ce gouvernement aucune augmentation de traitement, mais encore les communes indisposées ont cessé

d'accorder

d'accorder des supplémens dont ils ont le plus grand besoin. Un décret du 15 mars 1814 avait attribué une indemnité de 150 fr. par an, au desservant qui, par défaut de prêtre, faisait le service dans deux paroisses ; cette indemnité a été portée, par une ordonnance du 6 novembre suivant, à 200 francs ; et c'est la seule occasion où le gouvernement royal se soit occupé du traitement du clergé. Mais aucune partie de ce supplément n'était encore acquittée au retour de Sa Majesté, qui, par décret du 4 de ce mois, a maintenu l'indemnité à 200 francs, et a donné des ordres pour qu'elle soit payée.

La fin des difficultés avec la cour de Rome était depuis plusieurs années dans le vœu de Sa Majesté, ainsi que le prouvent les négociations réitérées à Rome, à Savone et à Fontainebleau.

Le clergé se flattait que, sous le gouvernement royal, les deux autorités s'entendraient facilement ; mais quelques évêques non démissionnaires avaient résolu de troubler, par suite de leur insoumission au Pape et pour leur intérêt particulier, l'église entière de France. Ils ont osé proposer de rejeter le concordat, que le Saint-Père regarde au contraire comme le plus grand service qu'il ait pu, de concert avec Sa Majesté, rendre à la religion et à l'église de France. Il en est résulté que la négociation engagée avec la cour de Rome, loin de présenter une issue prochaine et favorable, rendait presque inévitables de très-longues discussions d'un autre genre et non moins fâcheuses. Si donc l'on peut espérer un prompt et heureux rétablissement de la paix de l'église, c'est depuis le retour de Sa Majesté, qui, n'ayant plus avec le Pape les mêmes intérêts temporels et politiques à discuter, et n'ayant jamais voulu, quant aux matières ecclésiastiques, s'écarter du droit public que les deux autorités ont toujours reconnu en France, doit se flatter que de nouvelles démarches auprès de Sa Sainteté, et le desir qu'elles auront l'une et l'autre de mettre une prompte fin à ces troubles malheureux, ne tarderont pas de rendre à l'église le calme qui lui est nécessaire.

Lorsque Sa Majesté manifeste ainsi ses sentimens, le clergé ne peut douter qu'il ne soit dans son intention de faire respecter la religion et ses ministres ; et c'est en leur donnant toutes les preuves d'une protection spéciale, qu'il ramenera vers des pasteurs égarés des habitans qui auraient à s'en plaindre.

Sa Majesté elle-même oubliera que des plaintes multipliées lui ont été portées contre des ecclésiastiques, pour avoir manqué aux devoirs que la religion prescrit envers le souverain : elle est persuadée que le clergé en général est fidèle aux principes religieux ainsi qu'à la foi des sermens qu'il lui a prêtés, et à la reconnaissance que lui inspire le grand bienfait du rétablissement des autels et de sa propre existence.

ORDRE JUDICIAIRE.

Des dispositions ont été faites pour rendre à la justice répressive toute son action, et pour remplacer ceux des magistrats qui n'ont pas paru mériter de continuer leurs fonctions, ou qui se sont même rendu justice en donnant leur démission.

Au criminel, l'institution du jury justifie de plus en plus le grand intérêt qu'elle inspire : l'expérience dont naguère encore on invoquait une plus longue épreuve pour se ménager sans doute les moyens d'y porter atteinte, n'a plus rien à révéler ; elle ne laisse plus de doute sur les avantages que procure une telle institution.

La sagesse des décisions qui émanent de ce tribunal de citoyens, est un sujet presque continuel d'éloges de la part des présidens des assises, dans les rapports que ces magistrats, à la fin de chaque session, adressent au ministre de la justice. Cependant quelques mesures législatives et réglementaires paraissent nécessaires pour rendre moins pénibles à une partie des citoyens, des fonctions dont tous s'acquittent avec la plus grande dignité.

DÉPARTEMENT DE LA GUERRE.

L'Empereur a rétabli sur ses anciennes bases l'armée, dont le gouvernement des Bourbons avait dispersé les élémens.

Tous les braves ont reconnu sa voix et se sont ralliés à leurs aigles. L'armée française est sur un pied respectable ; les différentes armes sont relativement dans la proportion nécessaire, et les forces convenablement réparties sur les différentes frontières de l'Empire : toutes les branches du service militaire ont reçu une nouvelle impulsion.

J'en présente l'analyse, en évitant d'entrer dans les détails dont il est important que les ennemis n'aient pas connaissance.

FORCE DES ARMÉES.

Au 1.ᵉʳ avril 1814, l'armée française, soit en campagne, soit dans les places fortes et garnisons d'Allemagne, d'Italie, d'Espagne et de France, se composait de 450,000 combattans ; et si l'on y comprend 150,000 prisonniers, soldats les plus aguerris, qui devaient nous être rendus, la force totale de l'armée s'élevait encore à 600,000 hommes. On ne comprend point dans cette énumération la levée de conscrits de 1815, parce que, sur les 160,000 conscrits mis à la disposition du Gouvernement, 45,000 seulement ont été appelés.

Inquiet, effrayé de ses propres forces, le gouvernement royal fit de longs et vains efforts pour les dissoudre.

Les provocations à la désertion, les encouragemens offerts par les agens des puissances étrangères, l'abandon des armes et des effets militaires, laissaient encore dans les rangs deux cent cinquante mille vieux soldats ; et pour ébranler leur fidélité, pour mutiler

C 2

l'armée jusqu'à la proportion prescrite par un système de finances dont toutes les économies devaient uniquement peser sur l'armée, il fallait encore expulser cent dix mille braves.

Le désordre fut grand, la désorganisation si rapide, qu'on fut obligé de faire un appel de soixante mille hommes au mois de novembre 1814: mais la confiance était perdue; au 20 mars dernier, trente-cinq mille hommes seulement étaient rentrés ; et cette force de plus de six cent mille hommes se trouvait, en moins d'un an, réduite à cent soixante-quinze mille.

Depuis le 20 mars, en deux mois, l'armée de ligne s'est élevée de cent soixante-quinze mille à trois cent soixante-quinze mille hommes.

Ce résultat se vérifie par le détail suivant :

Enrôlemens volontaires..................... 20,000.

Anciens militaires rappelés sous les drapeaux.... 80,000.

Vieux soldats rentrés dans les cadres des bataillons d'élite des gardes nationales .... 25,000.

Militaires en retraite, formés en cinquante-cinq bataillons et trente-six compagnies d'anciens canonniers.. 33,000.

Seize régimens de jeune garde qui avaient été dissous.. 20,000.

Grenadiers et chasseurs de la vieille garde, infanterie ou cavaliers rentrés sous leurs aigles......... 5,000.

Cinquante compagnies de canonniers gardes-côtes réorganisées .... 6,000.

Chasseurs des Pyrénées et des Alpes............ 6,000.

Huit régimens étrangers........................ 12,000.

Cette masse de deux cent mille hommes (si l'on en excepte

quelques enrôlés volontaires) se compose toute d'anciens soldats , et, ne comprenant pas d'hommes au-dessous de vingt ans, laisse intactes les ressources pour le recrutement.

La force de l'armée de ligne s'accroît chaque jour par les élémens que l'on vient d'indiquer, et dans une proportion qui permet d'espérer qu'elle pourra s'élever jusqu'à cinq cent mille hommes.

D'un autre côté, quatre cent dix-sept bataillons de grenadiers et chasseurs choisis sur la masse des bataillons de la garde nationale, et tous composés d'hommes de l'âge de vingt à quarante ans, sont destinés à former les garnisons des places et les réserves déterminées dans le plan de défense des frontières.

Sur ce nombre de quatre cent dix-sept bataillons , deux cent quarante ont déjà été mis en marche ; et l'effectif de ceux qui sont déjà arrivés à leur destination , est , au 10 juin , de cent cinquante mille cent vingt-un hommes.

La formation successive des autres bataillons et le complétement produiront encore deux cent mille hommes.

On ne comprend pas dans ces bataillons les cent six compagnies d'artillerie de garde nationale complétement organisées dans les différentes places, et qui donnent une force de douze mille canonniers.

Ainsi , huit cent cinquante mille Français vont défendre l'indépendance , la liberté, l'honneur de notre patrie ; et pendant qu'ils combattront, la masse des gardes nationales sédentaires, aussi fortement , aussi régulièrement organisée que les élites , ajoute dans les places fortes, dans tous les postes, dans toutes les villes de l'intérieur, de nouvelles ressources pour le triomphe de la cause nationale.

ORGANISATION ET PERSONNEL.

Il était peut-être moins difficile à l'Empereur de retrouver les élémens de l'armée, qui de toutes parts se reproduisaient à ses regards et sous sa main, que de rétablir son organisation.

Cent soixante-sept régimens d'infanterie, de six et huit bataillons, avaient été réduits à cent cinq de trois bataillons, et quatre-vingt-onze de cavalerie à cinquante-sept.

Pour confondre et effacer les plus glorieux souvenirs, les incorporations, les changemens de numéros, les nouvelles dénominations, avaient divisé les familles des braves et semé la discorde.

Tout-à-la-fois ingrat, avare et prodigue, le gouvernement réduisait à la demi-solde quatorze mille officiers, forçait à la retraite les chefs les plus dévoués à leur pays, et les sous-officiers que des actions d'éclat avaient fait élever jusqu'au grade de capitaine ; pendant que quatre ou cinq mille anciens officiers émigrés, qu'on avait vus combattre contre leur patrie, étaient introduits dans les rangs de l'armée, récompensés par des pensions et des grades honorifiques.

L'Empereur a rétabli tous les régimens sur l'ancien pied, a augmenté ceux d'infanterie de deux bataillons, et rappelé à leurs postes un grand nombre d'officiers supérieurs et particuliers.

La formation des bataillons d'élite de la garde nationale, la création de trente-six bataillons de tirailleurs, tant à Paris qu'à Lyon, ont fait employer encore deux cent trente colonels, quatre cent soixante chefs de bataillon et quatre cent soixante capitaines et adjudans-majors.

Un grand nombre d'officiers en retraite ont été rappelés pour servir dans les places.

Enfin l'Empereur est dans l'intention d'assurer à la classe si précieuse des sous-officiers, les avantages d'un nouveau mode d'avancement, qui leur assurera la moitié des sous-lieutenances vacantes, et rappellera les dispositions libérales et l'alternative de l'élection et de l'ancienneté, consacrées par la loi du 14 germinal an 3.

Ce fut sur-tout dans les états-majors que le gouvernement des Bourbons porta le plus grand désordre, et montra le plus son imprévoyance et sa faiblesse : pendant qu'il écartait, humiliait, réduisait au désespoir plus de la moitié des généraux de l'armée impériale, et qu'il environnait de soupçons et de recherches inquiètes ceux qui s'étaient montrés les plus fidèles à leurs devoirs et à l'Empereur, pendant qu'il leur retirait le gouvernement des places fortes, plus de cinq cents nouveaux généraux, inconnus à l'armée, étaient nommés parmi les officiers de l'émigration.

Les plus anciennes désertions, les plus éclatantes perfidies, les insultes aux décorations nationales, étaient des titres certains à des faveurs sans mesure.

L'Empereur a rappelé au commandement des places de guerre, des hommes qui joignent à des principes sûrs la vigueur et les talens nécessaires pour les bien défendre.

Les plus importantes places ont reçu des gouverneurs et des commandans supérieurs.

Des commandans d'armes ont été placés sur des points qui n'en avaient pas encore eu. Ils multiplieront et dirigeront les résistances partielles et les moyens de surveillance.

Les états-majors emploient au 31 mai,

492 officiers généraux,
1730 adjudans-commandans, aides-de-camp et adjoints,
1189 commandans d'armes, adjoints de place, &c.

On a éliminé des tableaux plus de 600 officiers de l'émigration.

GARDE IMPÉRIALE.

L'Europe connaît la valeur héroïque, le sang-froid et la constance de la garde impériale : la France n'a pas de plus ferme rempart pendant la guerre, ni de plus bel ornement pendant la paix. Le gouvernement royal devait à ces guerriers, à ces fils aînés de la gloire, pour l'honneur national et pour ses propres intérêts (s'il avait jamais su les connaître), un témoignage éclatant d'admiration et d'estime : mais leur fidélité à l'Empereur les rendit suspects ; ils furent soigneusement écartés et humiliés.

Pendant qu'on travaillait constamment à affaiblir et à dissoudre cette phalange sacrée, une maison militaire du roi s'organisait à grands frais, sur les mêmes bases, avec le même luxe et les mêmes abus qui, au commencement du dernier règne des Bourbons, avait excité les murmures du peuple et de l'armée, et nécessité sa réforme.

Les grades, les faveurs, les exceptions, les priviléges des chefs et des subordonnés, tout ce qui pouvait exciter le mécontentement dans les rangs de l'armée, fut prodigué aux émigrés. Vingt-cinq millions, c'est-à-dire le huitième du budget du ministère de la guerre, furent affectés à cette vaine dépense.

L'Empereur, par un décret daté de Lyon le 13 mars, a rétabli la garde impériale : elle est aujourd'hui composée de vingt-quatre régimens d'infanterie, de cinq régimens de cavalerie, de plusieurs corps de gendarmerie, d'artillerie, de génie, de train, et *déjà forte* de plus de quarante mille hommes.

ARTILLERIE.

Le traité de Paris ayant réduit la France à ses anciennes limites, et la convention du 23 avril 1814, qui précéda ce traité, ayant livré aux puissances coalisées les cinquante-trois places que tenaient encore les troupes françaises au-delà de ces limites, dans lesquelles se trouvait un matériel immense d'artillerie qu'on abandonnait sans compensation, les ennemis ont dû nous considérer, non-seulement comme hors d'état de faire la guerre, mais encore de repousser la moindre attaque.

Cependant, quoiqu'ils eussent enlevé toute l'artillerie qu'ils avaient trouvée à la Fère, à Avesnes, à Béfort, et dans quelques autres petites places où ils étaient entrés sans coup férir et contre le texte

même

même de la capitulation, il existait encore de grandes ressources, si le système d'inertie suivi par le gouvernement royal n'eût empêché d'en tirer parti.

Cette funeste économie, véritable trahison nationale, fit abandonner les travaux des arsenaux, suspendre ceux des forges et des poudreries, et réduire à moitié les commandes des manufactures d'armes.

Les troupes d'artillerie et du train furent aussi considérablement diminuées.

Mais, dès le 21 mars, toutes les branches du service de l'artillerie furent réorganisées, et reprirent l'activité qu'il est si nécessaire de leur conserver en tout temps.

Cent batteries d'artillerie ont été complètement organisées, et sont en ligne aux différentes armées.

Vingt mille chevaux du train d'artillerie et des équipages ont été achetés.

Les escadrons du train d'artillerie ont été quintuplés.

Les manufactures d'armes ont triplé leurs produits.

Il a été réparé quatre-vingt mille fusils depuis deux mois, et cent vingt mille autres le seront au 1.er août.

Il a été fourni des armes aux 56 bataillons de militaires en retraite qui ont repris du service, à 100,000 anciens soldats rappelés sous les drapeaux, et aux 150,000 gardes nationales mises en activité.

Le surplus des armes destinées à l'armement des gardes nationales mobilisées est en dépôt dans les places où elles doivent se rendre.

Dix grands ateliers d'armes ont été organisés à Paris, et emploient près de six mille ouvriers : on y fabrique ou répare 1500 fusils par jour; et ce nombre s'augmentera progressivement

D

jusqu'à 3000, à mesure que les ouvriers se formeront à ce genre de travaux.

Les ateliers de Paris fourniront, d'ici à la fin de l'année, plus de 200,000 fusils ; les manufactures impériales en fabriqueront 300,000 ; et, sous peu, l'on aura en réserve, dans les magasins, plus de 600,000 fusils pour armer, au besoin, la population entière des contrées qui pourraient être menacées par l'ennemi.

Les cent cinquante places ou forts qui défendent nos frontières, ont été armés et approvisionnés en munitions de guerre.

Les côtes de l'Empire ont été armées, et les compagnies de canonniers gardes-côtes ont été réorganisées.

Vingt places, dans l'intérieur, ont été mises en état de défense, armées et approvisionnées.

La fabrication des poudres est dans la plus grande activité, et il existe des approvisionnemens en salpêtre pour en confectionner des quantités considérables.

Enfin, les arsenaux ont repris, depuis le 21 mars, le cours de leurs travaux, et ont mis en état tous les équipages d'artillerie de campagne, de place, de siége, et de pont, nécessaires à la défense de la patrie.

GÉNIE.

L'Empereur, après avoir reculé les bornes de l'Empire, avait fait fortifier les places des nouvelles frontières, et assigné, pendant les dix dernières années, un fonds de 125 millions pour la construction des nouvelles places, et la restauration de celles qu'il importait de mettre en état de défense.

On ne connaît que trop le traité approuvé par le Comte d'Artois, comme lieutenant général du royaume, sous le titre de convention du 23 avril 1814, par lequel cinquante-trois places et forts occupés par les troupes françaises au-delà des limites de l'ancienne France,

furent remis aux ennemis, dans un délai de vingt jours, en Allemagne, en Italie et en Espagne ; acte aussi humiliant qu'inconsi-
déré, dont la postérité jugera les motifs et les effets, et qui nous
dessaisit, en un instant, de tous les moyens de compensation qui
restaient à la France pour obtenir une paix plus honorable. Un
matériel immense, de grands dépôts de toute sorte d'effets militaires, 12,600 bouches à feu, dont 11,300 en bronze, abandonnées
sans réclamation, consommèrent une perte de plus de 200 millions.

Les places des frontières de l'ancienne France se trouvant alors
en troisième et quatrième lignes, furent mises au simple entretien ; et ce ne fut que pour les places maritimes qu'il fut assigné
des fonds pour augmenter leur valeur et leur degré de résistance.

Lorsque le traité de paix de Paris restreignit la France dans ses
anciennes limites, il était d'une sage prévoyance de restaurer les
places de première ligne et de les mettre en état de défense : mais le
gouvernement royal, formé en haine de l'armée nationale, et qui ne
voulait d'économie que par la réduction des dépenses du département
de la guerre, n'accorda aucun fonds pour faire réparer nos places.

Depuis le 20 mars dernier, on a entrepris et exécuté les travaux
qui ont mis en état de défense toutes nos places de guerre ; on a
restauré celles dont les fortifications étaient abandonnées, et l'on
a fortifié les villes ouvertes et les positions les plus importantes
de nos frontières.

Ces travaux ont été poussés avec une étonnante rapidité dans
toutes les places de première, deuxième et troisième lignes. Les
autorités civiles concourent de tous leurs moyens aux travaux de
défense ; et ces places, même celles qui étaient hors d'entretien,
arrêteront l'ennemi à chaque pas, le forceront à des siéges régu-
liers, et lui présenteront, sur plusieurs points, des obstacles insur-
montables.

Soissons, Laon, la Fère, Saint-Quentin, Guise, Château-Thierry, Vitry, Langres, &c. sont en état d'opposer une vive résistance : on travaille avec la plus grande activité à la défense de Châlons, Reims, Dijon, &c. Les Vosges, le Jura, l'Argonne, déjà fortifiés par la nature, reçoivent encore toutes les défenses de l'art ; la population entière exécute ces travaux sur tous les points.

Paris et Lyon auront, sous peu de jours, tous les moyens de résister aux plus grands efforts de l'ennemi ; et ces travaux occupent cinq à six mille ouvriers dans chacune de ces villes.

RETRAITES ET PENSIONS; INVALIDES.

Les soldes de retraite accordées depuis le 1.er avril 1814, à plus de mille émigrés vendéens, ou veuves d'hommes morts en combattant dans les rangs ennemis, se montant ensemble à la somme de 1,500,000 fr., ont été supprimées.

L'Empereur s'est aussi empressé de réparer le tort et le désordre qu'avaient occasionnés à l'hôtel des Invalides, la suppression des succursales, et le renvoi dans leurs foyers, avec une modique solde de retraite, d'un grand nombre de vétérans mutilés, auxquels on enlevait ainsi les secours et l'aisance que la patrie reconnaissante leur avait assurés.

Tous ont été rappelés dans le noble asile de la valeur.

DÉPENSES DE LA GUERRE.

Il est reconnu que le dernier gouvernement, s'attachant à déprécier toutes les opérations administratives de l'Empereur, a exagéré, dans ses comptes rendus, la dette arriérée du ministère de la guerre, tandis qu'il dissimulait une partie des ressources qui devaient y faire face.

C'est dans cette vue que le ministre des finances, dans le

compte qu'il rendit en juillet 1814 de la dette arriérée de la guerre, en porta la somme à 487 millions. Mais, d'après une appréciation raisonnée des renseignemens donnés par les bureaux du ministère de la guerre, on peut penser que, par le résultat d'une liquidation exacte de dépenses qui remontent à plusieurs années, et dont l'évaluation repose sur des élémens primitifs que les événemens de la guerre ont considérablement changés, la dette effective n'ira pas en réalité au-delà de 140 à 150 millions.

Mais il ne suffisait pas au ministère du dernier gouvernement de tromper la nation sur sa véritable situation ; il lui fallait encore limiter tellement les dépenses de la guerre, à dater du 1.er octobre 1814, que le ministre de la guerre, ne pouvant obtenir les fonds qui lui étaient indispensables, fût forcé de réduire l'effectif des corps, et de renvoyer le tiers des soldats en congé limité ou illimité, et sans solde.

Toutes les dépenses de la maison militaire du roi et des princes furent mises au compte du département de la guerre ; et elles devaient monter, dans la première année, à plus de 25 millions.

L'ordonnance du 12 mai promettait à tous les officiers de l'armée mis en non-activité, la moitié du traitement de leur grade dans leur arme ; mais, malgré la teneur formelle de l'ordonnance, le traitement fut fixé, pour tous, à la moitié de celui de la dernière classe d'infanterie, qui est plus faible ; et tandis qu'on faussait ainsi une promesse solennelle, on accordait, par une suite de la versatilité qui se faisait remarquer dans la marche du gouvernement, la solde entière à tous les officiers mis en non-activité qui avaient concouru à la formation des régimens du Roi et de la Reine, et qui avaient été renvoyés dans leurs foyers.

Le budget des dépenses de la guerre, réglé par la loi du 23 septembre 1814 pour l'année 1815, en fixait la quotité à la somme de 200 millions, dont il fallait défalquer celle de 80 millions pour la maison militaire, les retraites et les pensions, et les officiers à la demi-solde.

Il ne restait donc que 120 millions pour l'armée active et les services du génie et de l'artillerie.

Les dépenses de l'armée, réduite comme elle l'était au mois de mars dernier, devaient s'élever, malgré toutes ces réductions, à 298 millions.

GARDE NATIONALE.

C'est dans l'institution de la garde nationale que réside la plus solide garantie de l'indépendance de la nation, produite par ce sentiment inné chez les Français.

Sa première formation au mois de juillet 1789, décida du triomphe de la cause de la liberté des peuples. Les bataillons sortis de son sein apportèrent dans nos armées, non-seulement la force numérique devant laquelle durent s'arrêter les efforts présomptueux de la première coalition, mais encore tous les sentimens généreux qu'enfante l'amour de la gloire, lorsqu'il s'exalte par l'amour de la patrie : c'est cette force morale qui renversa tous les obstacles, et qui porta si haut le renom de nos armées.

Dès les premières campagnes, les frontières de la République furent promptement reculées par les plus mémorables opérations de guerre; et depuis cette époque, les conquêtes du plus grand capitaine qu'aient jamais eu les Français, portèrent si loin, couvrirent si long-temps les limites de l'Empire, que le service de la garde nationale, spécialement voué à la défense du territoire, offrit moins d'intérêt. Les modifications de son organisation avaient peu d'importance, quand la victoire, fidèle à nos aigles, confondait les projets de nos éternels ennemis, et trompait les vœux impuissans d'une faction presque éteinte.

Cependant la prévoyance de l'Empereur provoqua une réorganisation qui fut l'objet du sénatus-consulte du 2 vendémiaire an 14. Cette mesure ne fut encore appliquée qu'aux départemens frontières jusqu'à la fin de 1813. Mais, quand les temps, de mauvaise fortune de la France furent arrivés, la garde nationale reparut et s'organisa: elle s'accrut au milieu de nos revers, en partageant les fatigues et les dangers comme les malheurs de l'armée.

A Montmirail, à Montereau, dans toutes les places, les gardes nationales eurent leur part de gloire.

Le dernier gouvernement, qui détruisit les élémens de l'armée, n'osa dissoudre ceux de la garde nationale. La grande masse, toujours soutenue par son esprit patriotique, garda son caractère d'indépendance.

Aussitôt que l'Empereur, en reprenant les rênes du gouvernement, a connu la situation des gardes nationales, il s'est hâté de faire revivre une institution dans laquelle la nation trouve la garantie la plus positive de son indépendance, et le plus prompt déploiement de ses forces.

Le décret impérial du 10 avril, basé sur les anciennes lois, a réorganisé les gardes nationales de l'Empire, a ramené à une formation simple et par-tout semblable les masses détachées, les corps isolés et composés d'élémens divers, comme les diverses circonstances qui les avaient fait créer.

Cette organisation générale avance rapidement; elle ne présente pas moins de 2,254,320 gardes nationaux, qui, régulièrement formés et encadrés dans 3131 bataillons, comprennent à-peu-près le treizième de la population.

Une élite de 751,440 hommes de vingt à quarante ans, formés en compagnies de grenadiers et chasseurs, pouvant être extraite de cette masse et rendue mobile, l'Empereur a, par des décrets successifs, ordonné la formation de 2500 compagnies de grenadiers et chasseurs, formant 417 bataillons, et présentant une force de

300,240 hommes uniquement destinés à la défense des places, des postes fermés, des défilés retranchés.

Il faut soustraire des bataillons à former, ceux de quelques départemens maritimes qui, à cause de la défense des côtes, n'ont pas été mobilisés, et ceux des frontières des Pyrénées, dont la formation doit être différente, et qui ont été soumis à des dispositions particulières que réclamaient les localités.

Les départemens de l'intérieur et ceux du nord, en exceptant quelques arrondissemens sur l'extrême frontière, sans cesse menacés et travaillés par les intrigues de l'étranger, ont rivalisé de zèle. Ceux de l'est ont donné l'exemple du dévouement et la plus forte impulsion.

Indépendamment des bataillons d'élite, de nombreuses compagnies de canonniers ont été formées dans toutes les places, dans les villes fermées et nouvellement retranchées, et dans les principaux chefs-lieux. Toutes les écoles spéciales, tous les lycées, ont organisé des compagnies dont les canonniers sont déjà instruits, et s'exercent sous le commandement d'officiers et de sous-officiers d'artillerie. Le nombre de ces canonniers volontaires s'élève environ à 25,000, en comptant les dix-huit compagnies de l'artillerie de Paris.

Il restait encore une partie considérable de la population en état de porter les armes, qui, ne se trouvant point, aux termes des lois, comprise dans la garde nationale, n'en montrait pas moins la plus ferme volonté de concourir à la défense de la patrie, et, de toutes parts, demandait des armes et une organisation régulière. On a formé de ces volontaires fédérés, de fort beaux bataillons, et Sa Majesté a organisé leurs cadres avec d'anciens officiers.

Une formation si prompte d'une armée d'élite aussi considérable offrirait déjà les résultats les plus satisfaisans, si le travail de l'habillement et de l'équipement eût pu marcher d'un pas égal avec

celui

celui de l'organisation ; mais l'activité de l'administration, le zèle des préfets, le concours de la bonne volonté des citoyens, n'ont pu vaincre sur ces points les difficultés qu'opposait presque par-tout le manque de ressources pécuniaires et de matières à confectionner.

En supposant la formation complète des trois cent mille deux cent quarante grenadiers et chasseurs mobilisés par les décrets spéciaux des 10, 15 et 27 avril, 1.er et 10 mai, la dépense totale pour leur habillement et équipement complet, à raison de 135 francs 39 centimes par homme (prix inférieur à celui qui est fixé par les tarifs du ministère de la guerre), exigerait une dépense de 40,649,493 francs 60 centimes.

Le Gouvernement n'a pas douté que les grenadiers et chasseurs de la garde nationale ne dussent être aussi complètement habillés, équipés et armés, et dans une tenue aussi parfaite, que ceux des troupes de ligne : mais, outre que les draps, les étoffes et les matières nécessaires étaient devenus rares, en raison de l'immense consommation qu'en a faite le ministre de la guerre, la pénurie des fonds réellement disponibles a forcé de restreindre cette fourniture aux objets les plus indispensables, tels que les capotes, les schakos, les effets de petite monture ; et cette dépense, ainsi réduite pour chaque homme à 79 francs 67 centimes, s'élève, pour les trois cent mille deux cent quarante grenadiers et chasseurs, à la somme de 23,920,120 francs 80 centimes, laissée à la charge des départemens.

La répartition proportionnelle entre les contribuables n'en pouvant être faite que par la loi, il a fallu y pourvoir par des moyens divers comme les circonstances, comme les localités, et par-tout insuffisans.

Un décret du 24 avril a affecté aux dépenses de l'habillement et de l'équipement,

1.° Le produit de la taxe de remplacement fixée à 120 francs par homme se faisant remplacer ;

2.° Le prélèvement d'un dixième sur les revenus communaux ;

E

3.º Un prélèvement sur le produit du quart de réserve des bois communaux ;

4.º Un fonds de secours de six millions à prendre dans la caisse d'amortissement, moitié sur les fonds de 50 pour o/o sur le produit de la vente des bois communaux, moitié sur les fonds provenant des communes aujourd'hui étrangères à la France.

Le produit de la taxe de remplacement, en l'évaluant de 10,000 à 15,000 francs par département où la garde nationale d'élite a été mise en activité, donnera à peine un million.

Les offrandes patriotiques sont venues accroître cette ressource.

Un dixième des hommes mis en activité s'est habillé et équipé à ses frais.

On a considéré que les trois produits pourraient couvrir un tiers de la dépense des 23,920,120 francs 80 centimes. Il restait donc à faire face à une dépense présente de 15,946,747 francs 20 centimes, et à rembourser les divers emprunts faits aux caisses communales, afin d'y réintégrer les fonds qui ont une application nécessaire.

Mais les produits du prélèvement du dixième sur les revenus communaux, et ceux du quart de réserve sur les bois, ont été bien au-dessous de leur évaluation ; et comme on n'a pu disposer librement de cette ressource, à cause du mode de comptabilité établi par la loi du 23 septembre 1814 pour les fonds spéciaux, elle a été presque nulle.

Le fonds de secours de 6 millions, accordé par l'Empereur, sur lequel une somme de 1,800,000 fr. a d'abord été ordonnancée et mise en distribution, a du moins servi à fonder le crédit des préfets. Presque tous ont passé des marchés, et hâté avec beaucoup de zèle le versement et la distribution ou l'envoi à leurs bataillons d'élite des divers objets d'habillement et d'équipement; mais il est de la dernière urgence de mettre à leur disposition, et dans les valeurs les plus disponibles, les fonds nécessaires pour acquitter, à mesure des livraisons, les engagemens qu'ils ont pris. On peut dire qu'avec ces prompts secours, l'habillement et l'équipement des gardes nationales seraient complètement assurés et terminés sous un mois.

Quant à leur armement , le grand nombre de fusils de calibre
qui ont été retrouvés et réparés , et les distributions d'armes neuves
ordonnées par le Ministre de la guerre, ne laissent à cet égard aucune inquiétude. Le retard que l'armement de quelques bataillons
a pu éprouver jusqu'à ce moment, tient à de légers embarras de
transport ou de distribution, selon les localités.

MARINE.

Jamais, jusqu'au Gouvernement impérial , la marine de France
ne fut plus imposante qu'en 1791 , où elle comptait quatre-vingt-
deux vaisseaux de ligne et soixante-onze frégates de tous rangs.

Deux ans après, le port de Toulon fut livré aux Anglais par une
infame trahison ; ils en furent chassés, et signalèrent leur fuite par
la destruction et l'incendie.

Après ces désastres, il ne resta plus à la France que cinquante-
cinq vaisseaux et quarante frégates.

Des actions de mer sanglantes, multipliées, souvent malheureuses ,
mais toujours honorables , n'ont cessé depuis cette époque de prouver notre constance dans la lutte pour la défense de la liberté des
mers.

Nous étions parvenus à réparer une partie de nos pertes, et
l'accroissement successif de nos forces navales nous permettait
d'entrevoir le terme de la tyrannie de l'Angleterre.

Au mois de mars 1814, nous avions cent deux vaisseaux de premier rang et cinquante-trois frégates armés de soixante mille hommes
marins ; accroissement sans exemple pendant la continuation et à
travers toutes les difficultés d'une aussi longue guerre.

L'Angleterre nous opposait alors un développement de forces
navales qui lui coûtait annuellement 450 millions.

Les Bourbons, qui n'avaient pas balancé à remettre toutes nos places fortes à l'ennemi, hésitèrent encore moins à livrer nos flottes.

Trente-un vaisseaux et douze frégates ont disparu à cette époque ; il ne nous reste aujourd'hui que soixante-onze vaisseaux et quarante-une frégates.

Nous avions de nombreux équipages fortement organisés ; on les a désorganisés, dispersés : nous les réunissons. Cette classe précieuse de marins est propre à tout pour la défense de la patrie.

Le sol de la France fournit à sa marine presque tout ce qui lui est nécessaire.

Nos ports sont dans l'état où ils étaient en 1813. Celui de Brest a été entretenu, assaini, agrandi sous le Gouvernement impérial ; à Toulon, le bassin dégradé, des chantiers avariés, ont été restitués au service par des réparations du premier ordre ; et l'on ne peut s'empêcher d'admirer les difficultés vaincues dans la création du port de Cherbourg, où l'on voit une ère nouvelle pour nos opérations navales.

Nos constructions sont ce qu'elles ont toujours été, les plus parfaites de l'Europe.

Conservons donc nos avantages, occupons-nous de les accroître ; et bientôt notre système maritime perfectionné replacera la marine française au rang de notre situation géographique : nos ressources, la force de nos institutions, le courage et l'honneur français, n'ont pu la laisser déchoir que pour une courte période.

FINANCES.

La situation de l'Empire, sous le rapport des finances, sera, suivant l'usage, présentée dans tous ses détails par les ministres de ce département : les comptes généraux des deux ministères des finances et du trésor prouveront combien les rapports faits l'année dernière aux deux chambres, avaient exagéré l'importance des dépenses arriérées antérieures au 1.er avril 1814; quels devaient être les funestes résultats du système irréfléchi qui a été proposé pour le paiement de ces dépenses; enfin, tout ce que l'imperfection des budgets de 1814 et 1815 devait préparer, dès l'année prochaine, d'embarras au dernier gouvernement. On ne craint point de le dire : deux années d'une semblable administration auraient jeté les finances dans un désordre qu'il fût devenu extrêmement difficile de réparer. Heureusement nous sommes à temps encore pour porter remède au mal et en prévenir les conséquences.

Le devoir du Gouvernement est de présenter avec franchise aux Représentans de la nation les besoins que font naître les circonstances graves dans lesquelles la France se trouve engagée, et ce devoir sera fidèlement rempli. Soit que la guerre éclate, malgré tout ce que l'Empereur a fait pour conserver la paix, soit que l'état défensif seulement doive être plus ou moins prolongé, les dépenses extraordinaires et urgentes qui en sont la suite inévitable, exigeront que des moyens promptement disponibles assurent la partie du service courant qui repose sur des valeurs dont la réalisation entraînera des retards inévitables, telles que les produits des ventes de bois et de biens des communes; mais le trésor pourra être aidé convenablement, sans qu'il soit besoin d'imposer aux citoyens de nouveaux tributs.

Une simple avance dont le remboursement serait garanti par la loi, suffirait pour donner au service l'aisance qui contribue si puissamment à l'économie par la confiance qu'inspire la fidélité dans l'exécution des engagemens contractés.

Ces idées recevront, dans le compte général de l'administration des finances pendant les années 1813 et 1814, les développemens dont elles sont susceptibles.

AFFAIRES ÉTRANGÈRES.

La situation de la France à l'égard des puissances étrangères, porte un caractère absolument nouveau dans notre histoire. Les puissances coalisées ayant ramené les Bourbons, le mauvais génie de cette maison ne leur a pas permis de se faire aimer : ils se sont vus contraints de quitter leur patrie une seconde fois, sans que personne ait songé à les défendre, sans qu'on ait répondu aux appels qu'ils ont faits à toutes les classes de citoyens.

Cette révolution domestique ne devait rien changer à nos relations extérieures, parce qu'un peuple est toujours le maître de se choisir un chef, pourvu qu'il continue à remplir les engagemens contractés avec les puissances étrangères. Or, l'Empereur a déclaré, lors de son second avénement, qu'il voulait s'en tenir aux limites fixées par le traité de Paris, et un assentiment universel a sanctionné cette sage résolution : il n'existait donc pas le plus léger prétexte aux puissances étrangères pour nous déclarer la guerre. Cependant la même coalition, déchue des espérances qu'elle avait fondées sur la faiblesse du gouvernement des Bourbons, et croyant trouver la France divisée en factions, a conçu le projet de la démembrer : c'était le moyen de nationaliser la guerre. Aussi les menaces de cette coalition ont été le signal de cet enthousiasme qui fait accourir les jeunes citoyens de toutes les parties de l'Empire, pour se ranger sous les drapeaux de l'indépendance nationale, qui sera toujours notre cri de ralliement.

L'Empereur n'a oublié aucun des moyens de négociation compatibles avec la dignité du chef de l'État, pour prévenir une nouvelle effusion du sang humain ; mais toutes ses démarches ont été inutiles : il a bien fallu se préparer enfin à repousser une injuste agression ; le Gouvernement se serait rendu coupable s'il en eût négligé les moyens ; et sans doute, Messieurs, vous applaudirez aux efforts extraordinaires qu'il a dû faire pour compléter les armées, approvisionner les places, et nous assurer une campagne glorieuse.

L'Empereur pouvait, suivant sa coutume, prévenir les ennemis; mais il n'a pas voulu qu'il pût rester le moindre doute sur les senti- mens pacifiques dont il était animé, et sur la question de savoir quels sont les véritables agresseurs. Les ennemis ayant donc non- seulement publié des actes qui contiennent formellement déclaration de guerre, mais encore commis grand nombre d'hostilités, tant sur terre que sur mer, ce serait visiblement compromettre le salut de l'État, que de différer encore et d'attendre qu'ils fussent réunis.

POLICE GÉNÉRALE.

Au milieu des touchantes acclamations qui l'accueillirent à son retour, Sa Majesté s'était flattée qu'un tel peuple pouvait, pour ainsi dire, être livré à lui-même, et qu'il n'avait en quelque sorte besoin d'aucune police : elle s'empressa de proclamer la liberté de la presse. Mais Sa Majesté n'avait pas pensé qu'au sein de cette masse de peuple toujours excellente, il se trouvait une multitude d'ennemis cachés, qui, d'abord stupéfaits et silencieux, n'en médi- taient pas moins le désordre dans l'intérieur, et la guerre au dehors. Les agens de Louis XVIII et des puissances étrangères s'appli- quèrent aussitôt à convertir en poison le bienfait des idées libérales qui venaient d'être proclamées; les diatribes les plus odieuses contre l'Empereur lui-même furent répandues avec profusion; les journaux devinrent le réceptacle des actes de la cour de Gand et du congrès de Vienne; par eux, des germes de sédition furent rapidement disséminés dans toutes les parties de l'Empire; ils entretinrent la fermentation qu'avait occasionnée dans le midi et dans les dépar- temens de l'ouest l'apparition des princes de la maison de Bourbon: leurs agens cessèrent d'opérer clandestinement; ils levèrent l'étendard de la révolte; ils égarèrent la portion la plus ignorante des citoyens; ils appelèrent l'ennemi sur nos côtes, ils le firent débarquer ; des ministres de la religion ne craignirent pas d'attiser en son nom les discordes civiles ; le sang commençait à couler ; la correspondance de chaque jour nous prouvait que le mal allait toujours croissant, et que les mesures répressives devenaient de plus en plus urgentes. Sa Majesté se décida enfin à soumettre plusieurs contrées au régime militaire, et le calme commença aussitôt à se rétablir graduellement. Tout rentre peu à peu dans l'ordre ; mais les Chambres sentiront la nécessité de procurer au Gouvernement les moyens d'achever cette pacification, et d'empêcher le retour de ces foyers d'insurrection qui encouragent la malveillance au-dedans, et forment au-dehors autant de diversions en faveur des ennemis. Nous attendons tout de l'énergie et de la sagesse qu'ont déjà développées les deux Chambres appelées à terminer la révolution, en nous donnant, de concert avec sa Majesté, les lois organiques dont nous avons besoin pour que la licence ne prenne point la place de la liberté, l'anarchie la place de l'ordre ; pour qu'enfin le bon soit par-tout protégé contre le méchant, l'homme juste contre celui qui veut l'opprimer.

Messieurs, en terminant cet exposé sommaire, nous devons vous faire connaître au nom de sa Majesté, que la Chambre des Représentans n'est pas complète, soit parce que plusieurs d'entre eux ont été nommés dans divers endroits en même temps, sans qu'il y ait eu de suppléans désignés, soit par quelques irrégularités locales. Sa Majesté desire que vous vous occupiez, le plutôt possible, des mesures à prendre pour qu'elle ne reste pas privée du tribut de lumières et de patriotisme que peuvent apporter les représentans qui sont encore à nommer, et qu'à cet effet les colléges électoraux soient également rendus complets et convoqués sans retard.

Le Ministre de l'intérieur,

CARNOT.

[illegible]
[illegible]
[illegible]
[illegible]
[illegible]
[illegible]
[illegible]
[illegible]
[illegible]
[illegible]
[illegible]
[illegible]
[illegible]
[illegible]
[illegible]
[illegible]
[illegible]
[illegible]
[illegible]